D1490082

Le Québec de la honte

Le Québec de la honte
est le premier ouvrage
de la collection
« Les temps changent ».

Collectif

Le Québec de la honte

LANCTÔT
ÉDITEUR

LES INTOUCHABLES

Lanctôt éditeur et les Éditions des Intouchables bénéficient du soutien financier du gouvernement du Québec (SODEC) et du gouvernement du Canada (Conseil des Arts du Canada et PADIÉ).

Lanctôt éditeur
1660 A, rue Ducharme
Outremont, Québec
H2V 1G7
Téléphone : (514) 270-6303
Télécopieur : (514) 273-9608
lanctotediteur@videotron.ca
www.lanctotediteur.qc.ca

LES ÉDITIONS DES INTOUCHABLES
4674, rue de Bordeaux
Montréal, Québec
H2H 2A1
Téléphone : (514) 529-8708
Télécopieur : (514) 529-7780
intouchables@yahoo.com
www.lesintouchables.com

Distribution : Prologue
1650, boulevard Lionel-Bertrand
Boisbriand, Québec
J7H 1N7
Téléphone : (450) 434-0306
Télécopieur : (450) 434-2627
prologue@prologue.com

Distribution en Europe : Librairie du Québec
30, rue Gay-Lussac
75005 Paris
France
Télécopieur : 43.54.39.15

Impression : AGMV-Marquis
Infographie et maquette de la couverture : François Vaillancourt
Photographie de la couverture : Vincenzo D'Alto

Dépôt légal : 2001
Bibliothèque nationale du Québec
Bibliothèque nationale du Canada

ISBN 2-89485-185-5

«Ils sont là pour une idée et ils la défendent avec ardeur, humour, calme et ingéniosité. [...] Entraide, fraternité, détermination et solidarité ont fait des merveilles durant ces heures dures où nous tentions de reprendre le terrain perdu aux nuages de gaz et aux nuées de projectiles. [...] Il y avait là des jeunes de toutes les langues, de toutes les couleurs, ce qui ne les empêchait nullement de se montrer plus solidaires, plus secourables, plus coopératifs, beaucoup moins individualistes, moins mégalomanes et moins paranoïaques que nous l'étions. [...] C'est le sang-froid de la foule et sa sympathie agissante, bien plus que le présumé flegme des policiers, qui ont fait que le mouvement n'a pas dégénéré en de sanglantes émeutes.

«Laissés-pour-compte de la mondialisation, d'où que vous veniez, unissez-vous!»

ANTOINE BABY, sociologue

En guise de présentation

Pendant trois jours, nous avons assisté, impuissants, à une opération de violences inouïes et d'intoxication médiatique comme au bon vieux temps de la Crise d'octobre 1970. Cela a commencé quelques jours avant le début du Sommet des Amériques. On a voulu nous faire croire que de dangereux terroristes se préparaient à commettre des attentats contre de pacifiques citoyens à Québec. On a arrêté, à grands renforts médiatiques, quelques jeunes idéalistes — heureusement, il en reste encore — qui s'étaient munis de «pétards», moins puissants que ceux qu'on peut se procurer dans certains magasins situés près des postes frontières, et qu'on avait «courageusement» pris soin d'infiltrer au cours des semaines précédentes. La campagne de désinformation venait de commencer. On nous montrait de jeunes gens violents prêts à venir saccager notre belle vieille ville de Québec et la brave police devait se préparer en conséquence. Alors, on a mis le paquet.

Or, la première journée, le plan n'a pas fonctionné comme on nous l'avait annoncé. Certes, un pan de la fameuse clôture de la honte était tombé, mais c'était un symbole, et les manifestants — jeunes pour la plupart : y'a de l'espoir! — s'avéraient être de joyeuses personnes qui mêlaient l'esprit de la fête aux revendications à caractère social. Il fallait faire quelque chose pour décourager cette foule trop exubérante. Alors, on s'est mis à tirer dans le tas, lâchement. À bout portant. Aveuglément! Pas sûr? Les images que vous allez voir dans cet ouvrage en témoignent. Une photographe de l'Agence Stock, pourtant bien identifiée — elle avait photographié Bush quelques heures auparavant à sa descente d'avion — a reçu une balle de plastique au sein, c'est-à-dire entre son badge d'identification et son appareil photo, puis une bombe de gaz lacrymogène sur une cuisse! De telles histoires d'horreur, nous aurions pu en remplir cent pages.

Pendant ces trois jours, la police a occupé le haut du pavé médiatique. Conférences de presse pour annoncer que tout était sous contrôle, sans bavure ni dérapage, spécialistes en contrôle des foules (*sic*) venus nous dire où se situaient les bons (les flics) et les méchants (les manifestants), ministre se frottant béatement les mains de satisfaction. Alors qu'on tirait à bout portant sur des manifestants pacifiques, qu'on gazait tout un quartier de la ville de Québec, qu'on terrorisait de jeunes militants surpris par un tel déchaînement de violence aveugle, qu'on emprisonnait des innocents — journalistes, manifestants, curieux — dans des conditions dégradantes.

Après la guerre des drapeaux entre Québec et Ottawa, remportée comme de raison par le gouvernement fédéral, la GRC a continué la basse besogne raciste et francophobe entreprise par ce dernier. Les témoignages des manifestants sont nombreux, mais laissons parler les chiffres. La Gendarmerie royale du Canada, qui représentait un tiers des effectifs policiers, a utilisé 55 % des balles de plastique et 58 % des bombes de gaz lacrymogène.

Plusieurs manifestants nous ont dit avoir vu le film de Michel Brault, *Les ordres*. Mais ils se sont vite rendu compte, durant ces journées d'enfer, que les policiers ne faisaient pas qu'obéir aux ordres. Les policiers manifestaient une haine profonde de tout ce qui est opposant au système en place, de tout ce qui n'est pas conforme aux idées mises de l'avant par les ténors du néo-libéralisme, et ils ne se sont pas privés pour manifester leur haine et toute la force de leur pouvoir. Comme si on avait pu douter un instant qu'ils sont les gros bras du système.

Nous avons décidé de publier cet ouvrage de photos et de témoignages parce qu'il y a urgence. Urgence à dénoncer l'utilisation de moyens répressifs qui sont bannis dans plusieurs pays civilisés. Urgence à dire non au contrôle des économies locales et de nos cultures par les grands monopoles financiers qui ne reconnaissent aucune frontière.

Et parce qu'il y a de l'espoir. Les milliers de manifestants rassemblés à Québec nous l'ont démontré.

JACQUES LANCTÔT
MICHEL BRÛLÉ

Nous avons décidé de témoigner de notre indignation face à la brutalité policière dont ont été l'objet les manifestants au Sommet de Québec en vous présentant ce communiqué de presse que nous avons rédigé lors de cette fameuse fin de semaine d'avril 2001. Ces communiqués écrits en petits groupes dans le feux de l'action témoignent de l'état d'esprit des membres de la CLAC et du CASA et de leur position politique à mesure que se déroulent les événements.

20 avril 2001
Communiqué de presse pour diffusion immédiate

L'État policier québécois se déploie pour écraser les manifestants dissidents

Québec — La convergence des luttes anti-capitalistes (CLAC) et le comité d'accueil du Sommet des Amériques (CASA) dénoncent avec virulence le déploiement excessif des mesures de répression dans le cadre de la journée d'action du carnaval contre le capitalisme qu'ils ont convoquée aujourd'hui. Des dizaines de milliers de personnes sont descendues dans les rues de Québec pour manifester leur opposition catégorique à la ZLÉA, au Sommet des Amériques et à la logique capitaliste qui achève de détruire la planète. La réponse n'est que brutalité, violence et répression.

Les forces de répression policière déployées aujourd'hui atteignent des sommets dans l'histoire du Québec : les milliers de personnes qui manifestaient leur opposition à un système d'injustice ont été aspergées copieusement de gaz lacrymogènes, ont été visées par les canons à eau à peine 45 minutes après l'arrivée des manifestants et des manifestantes devant le Mur de la Honte.

Plusieurs personnes ont été arrêtées et blessées entre autres par les balles de caoutchouc. La déclaration de la manifestation comme étant une émeute et l'arrivée de policiers avec des chiens dans les rues de Québec nous démontrent clairement que nous vivons dans un État policier totalitaire et qu'il n'est plus possible d'exprimer librement nos opinions sur les politiques de destruction telles que la ZLÉA négociées par les 34 chefs d'État. Nous tenons aussi à dénoncer l'enlèvement brutal d'un membre de la CLAC, Jaggi Singh qui avait vécu un enlèvement semblable la veille du sommet de l'APEC en 1998.

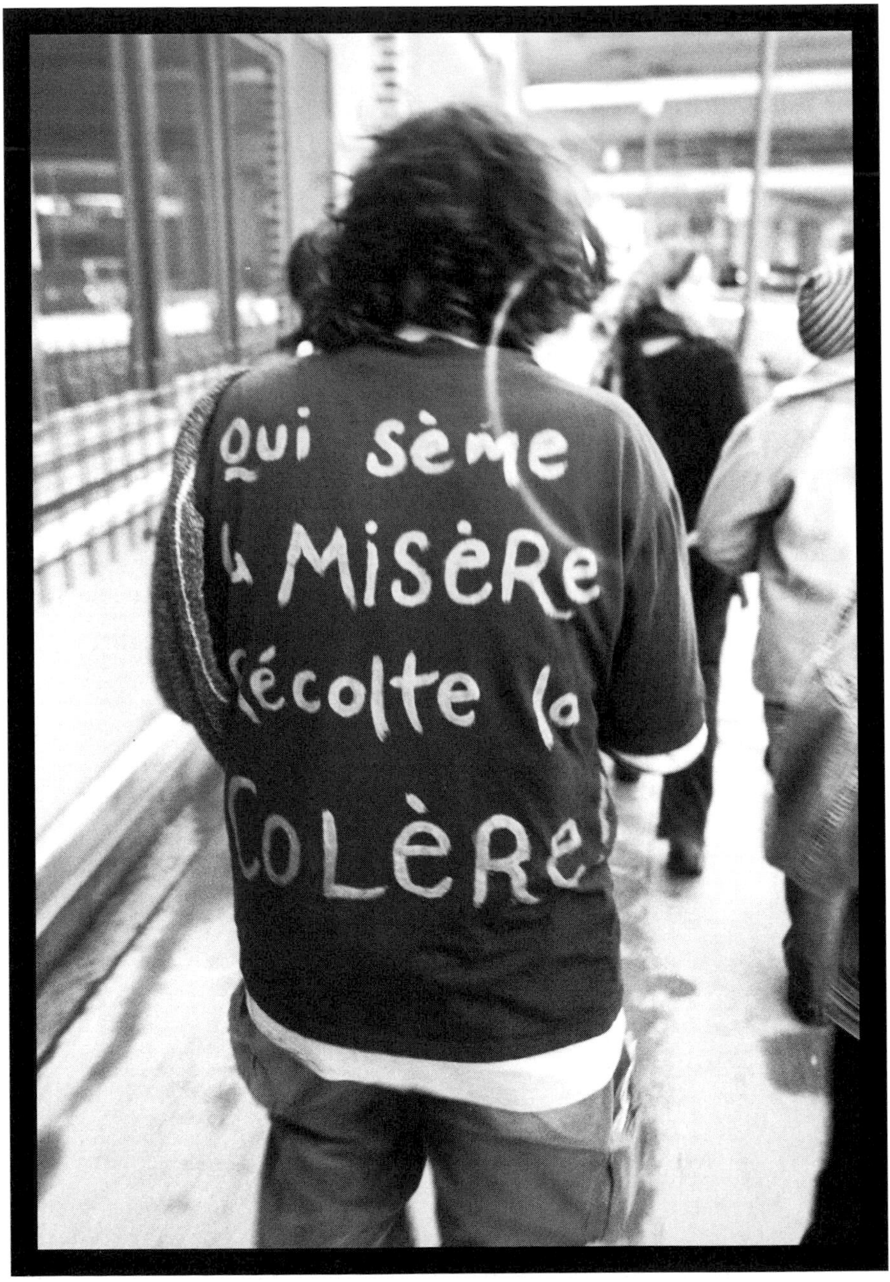
Qui sème
la MISÈRE
récolte la
COLÈRE

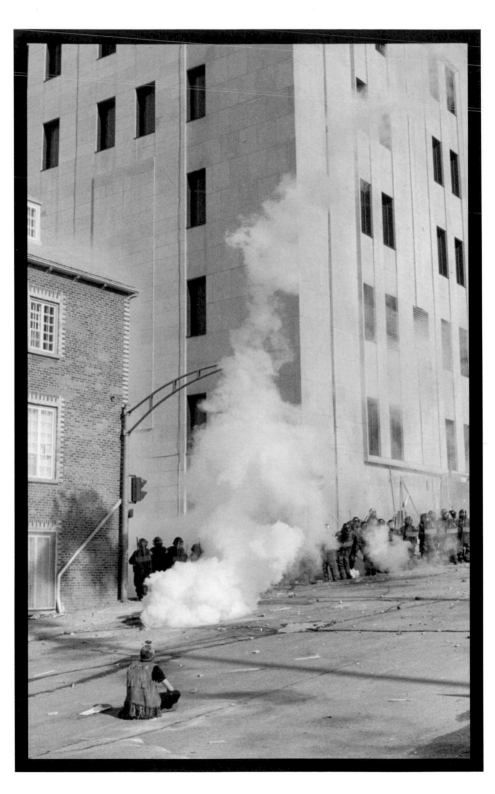

« Des actions policières remarquablement nuisibles »

Les coauteurs étaient membres du comité Québec Médical 2001 lors du Sommet de Québec. Il s'agit de : Scott Weinstein, D R. S. Rosen, Alys Ford, Stéphane Rioux, Michel Pigeon, Éric S. Côté, Matthew Dykstra, Bita Eslami, Mikal Akubal, Pavlos Stavropoulos, Justin Francis, Aimée van Drimmelen, Erin Donald, Aidan Conway, Derek Alyward, Cora Beitel, Ali Hayes, Garth Kahl, Jodi Tuck, Dick Reilly, Kate Meier, Monique Larémée, Matthew Coomber et Liz Highleyman.

Ces dernières semaines, un mythe persiste selon lequel les actions posées par le gouvernement et la police à l'encontre des manifestations anti-ZLÉA de Québec furent raisonnables et ne provoquèrent qu'un nombre limité de blessures. Ces affirmations se basent sur des sources policières et non sur des observations impartiales.

Des sauveteurs de rue et des cliniciens furent en service dans les rues de Québec, soignant et traitant des blessures causées par les gaz lacrymogènes et les balles de plastique. Cette équipe médicale en a conclu que les actions policières furent remarquablement nuisibles et ont causé un grave préjudice aux résidants de Québec.

Premièrement, nous notons que les quantités massives de gaz lacrymogènes CS utilisées constituent un acte sans précédent dans l'histoire canadienne. Nous sommes inquiets pour la santé des résidants du quartier Saint-Jean-Baptiste ayant vécu dans un brouillard chimique pendant deux jours. Ils furent également en contact avec les particules de ces gaz qui conservent leur potentiel chimique pendant au moins une semaine. Il est spécialement troublant de songer aux conséquences sur la santé des personnes âgées vivant dans les résidences situées sur le boulevard René-Lévesque.

Il est bien connu, voire documenté, que le gaz lacrymogène CS cause des problèmes systémiques de santé allant bien au-delà d'une toux et de larmoiements persistants. L'année dernière, un comité d'évaluation scientifique du Parlement européen (STOA) a produit un rapport intitulé « Crowd Control Technologies ». Ce rapport cite des études démontrant que le CS est responsable de troubles de santé incluant pneumonies, dommages au foie et arrêts cardiaques. Il dresse aussi une liste d'études liant ce produit à des transformations chromosomiques pouvant causer le cancer et également à des changements au niveau de l'ADN humain pouvant induire des mutations chez le fœtus en formation.

Deuxièmement, nos secouristes furent témoins et même visés intentionnellement par les pratiques balistiques douteuses des policiers. Des douzaines de témoignages rapportent des tirs « à l'horizontale » de grenades de gaz et de balles de plastique sur les têtes et les corps des manifestants, des secouristes et des journalistes. En conséquence de ces actions offensives, nous avons traité des patients atteints de blessures aux yeux, à la tête et à la colonne cervicale. De plus, nous recevons de nombreux témoignages de gens qui se sont fait brutaliser durant leur arrestation. L'ampleur des témoignages semble indiquer que ces actes de violence furent trop nombreux pour être seulement des « incidents isolés ». De plus, la plupart des personnes visées et blessées étaient pacifiques et nullement engagées dans des activités « dangereuses » comme le laisse entendre le ministre de la Sécurité publique, Serge Ménard. L'équipe médicale traita des centaines de personnes. Selon les plus expérimentés de nos membres, ce fut la manifestation comptant le plus de blessures qui leur fut donné de voir. Les chiffres officiels citant 85 manifestants et 35 résidants blessés nous apparaissent de la pure fiction.

Conventions de Genève

Finalement, les actions policières de samedi soir menant à la fermeture de notre clinique suggèrent fortement une volonté sous-jacente en contradiction avec les Conventions de Genève assurant la neutralité et la protection du personnel et des services médicaux. Tout d'abord, les policiers attaquèrent la zone de décontamination extérieure où des patients contaminés étaient traités. Ces derniers et les secouristes en furent expulsés à la pointe du fusil. Les cliniciens purent demeurer à l'intérieur. Plus tard, un individu suspect distribuant des roches à la foule encouragea celle-ci à casser les vitres de la clinique. Une ligne de manifestants se forma pour protéger cette dernière mais ils furent dispersés par des tirs de balles de plastique. Les vandales ne furent par contre pas visés et eurent donc le champ libre pour casser nos fenêtres. Ceci entraîna l'abandon de la clinique qui fut immédiatement envahie par les gaz.

Plus de 70 nations ont banni l'utilisation du poivre de Cayenne et des gaz lacrymogènes. Il est maintenant temps pour le Canada et les États-Unis de joindre ce mouvement contre cette menace à la santé publique. Face à ce problème, les résidants de Québec ont gravement besoin de suivi médical et de services de décontamination. Nous supportons également la tenue d'une enquête publique indépendante visant à déterminer si des actes criminels furent posés par les agences gouvernementales à l'encontre des manifestants anti-ZLÉA et de la population de la ville de Québec.

Si manifester est un droit constitutionnel, alors les choix démocratiques ne devraient pas être limités à simplement choisir le type d'arme qui sera pointée contre nous.

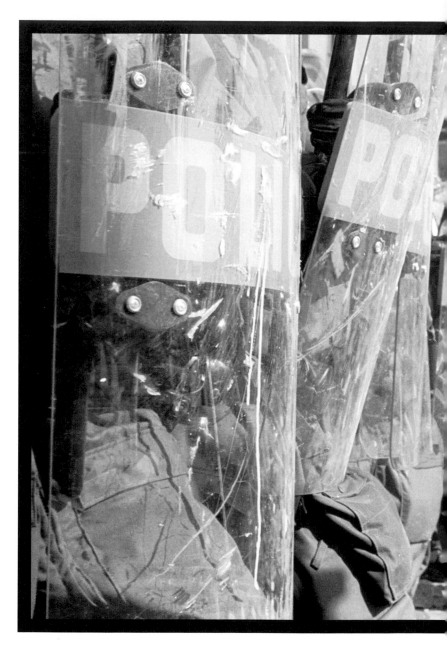

«J'étais dans Québec défigurée, meurtrie, humiliée, transformée en ville fantôme et capitale d'un État policier, assaillie par une horde barbare et une foule immense de manifestants pacifiques, mais désordonnés, erratiques, excessifs, mais aussi touchants dans leurs élans poétiques et leur candeur politique.»

À propos de la fameuse clôture :

«Le symbole de la honteuse fracture de nos sociétés et du monde entre les scandaleusement riches et les horriblement pauvres, entre les agresseurs déchaînant stupidement leurs instincts de violence, bagarre et guerre, et les pacifiques, les non-violents, les victimes.»

L'ex-juge Marc Brière
(membre du comité de cinq observateurs indépendants)
La Presse, 9 mai 2001

Leur fallait-il des casseurs ?
Pierre Thibeault
Journaliste
ICI-Montréal

Durant toute la durée du Sommet des Amériques, les réseaux de télévision se délectèrent d'images de clôtures défoncées, d'effusions de gaz lacrymogènes et d'autres balles en plastique. Rapidement, les manifestants qui s'attaquaient aux forces de l'ordre et au symbole que représentait le « Mur de la honte » furent qualifiés de « casseurs ».

Reste que dans les rues de Québec, les marques de vandalisme étaient bien rares. Même les graffitis des manifestants semblaient avoir été réalisés avec précaution et respect, certains à la craie, d'autres — les plus nombreux — sur les planches de bois qui recouvraient les vitrines des magasins. On a même vu de virulents manifestants faire comprendre à des voyous venus sur place pour casser de la vitrine que leur présence n'était pas désirée sur les lieux. Et, croyez-moi, ils savaient se montrer convaincants.

Bref, malgré l'apparente rudesse des échauffourées, les infrastructures de la ville de Québec semblaient devoir s'en tirer sans dégâts majeurs. C'était sans compter la dernière nuit...

Et l'on est en droit de se demander ce qui s'est passé dans la tête des forces de l'ordre lorsqu'elles décidèrent, vers 1 h 45 dimanche matin, d'intervenir avec force dans la Basse-Ville de Québec, particulièrement à l'angle des rues Charest et de la Couronne où les manifestants avaient improvisé en musique et en bonne humeur une « Zone autonome temporaire » au cours de l'après-midi.

Car, curieusement, la police est intervenue tout juste après que les observateurs délégués sur place par la Ligue des droits et libertés soient partis se coucher. D'autre part, à cette heure tardive, la plupart des grands quotidiens étaient déjà sous presse. Ceux-ci ne pourraient donc relater les événements de cette nuit-là que dans leur édition de lundi, alors que les chefs policiers — l'inénarrable Poëti en tête — auraient eu le temps d'offrir leur version des faits dans leur point de presse de dimanche. Si l'on ajoute à cela le fait que lorsque les troubles commencèrent, les réseaux d'information en continu étaient en pleine phase de rediffusion, le parano qui sommeille en nous ne tarde pas à ouvrir l'œil.

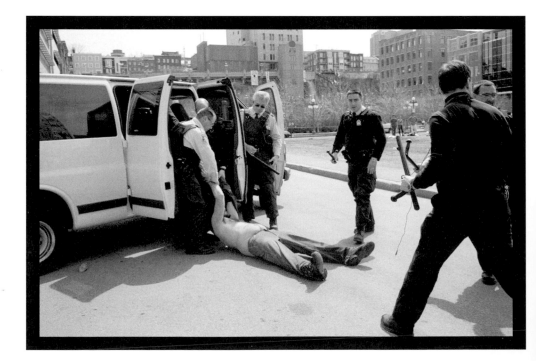

Sans vouloir créer d'abusives relations de cause à effet entre les événements simultanés relatés ici, la logique policière durant cette nuit semble répondre au fameux adage du « Pas vu pas pris. » Et cela paraît se confirmer à l'écoute des témoignages des manifestants qui furent incarcérés à Orsainville.

Voici le témoignage d'Hélène Nazon de la Clac qui a assisté à l'enlèvement de Jaggi Singh :

Vers 17 h cet après-midi, j'ai assisté à l'enlèvement de Jaggi Singh sur la rue Saint-Jean, une zone libre pacifique organisée par le comité populaire Saint-Jean-Baptiste. J'étais à côté de Jaggi lorsque trois hommes « baraqués » sont arrivés par derrière. Ils ont empoigné Jaggi par le bras, ils l'ont entraîné sur Sainte-Claire, ils l'ont projeté par terre puis l'ont frappé et immobilisé. Une vingtaine de personnes se sont précipitées pour tenter de le délivrer. Les trois hommes étaient habillés en manifestants avec des banderoles colorées et lorsqu'ils ont vu que ceux qui venaient aider Jaggi étaient nombreux, ils ont crié : « Écartez-vous, police » (en anglais). Ils ont sorti de longues matraques. Ils ont frappé avec leurs pieds un homme avec un manteau bleu qui tentait de retenir Jaggi. Puis, ils ont quitté dans une fourgonnette en amenant Jaggi avec eux.

Nous sommes sans nouvelles de Jaggi et des autres personnes arrêtées, qui sont des prisonniers politiques. Nous savons aussi que des personnes sont disparues depuis les dernières 24 heures, des personnes desquelles nous sommes toujours sans nouvelles.

Cette brutale répression ne réussira pas à censurer les milliers de personnes qui ont convergé vers Québec ou qui sont de Québec. Leur indignation n'en sera que renforcée.

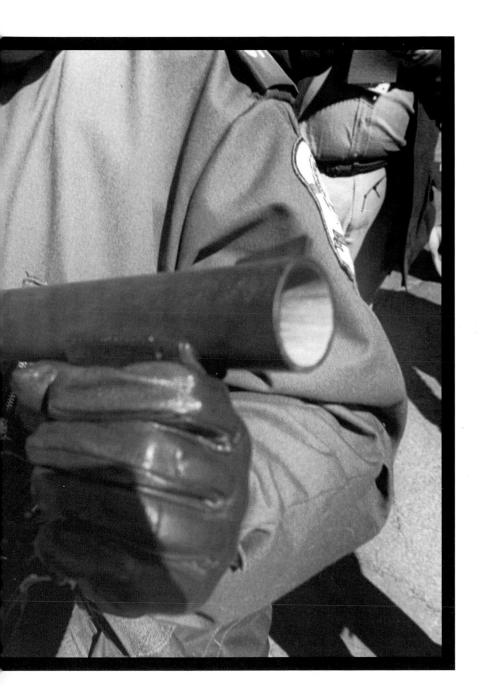

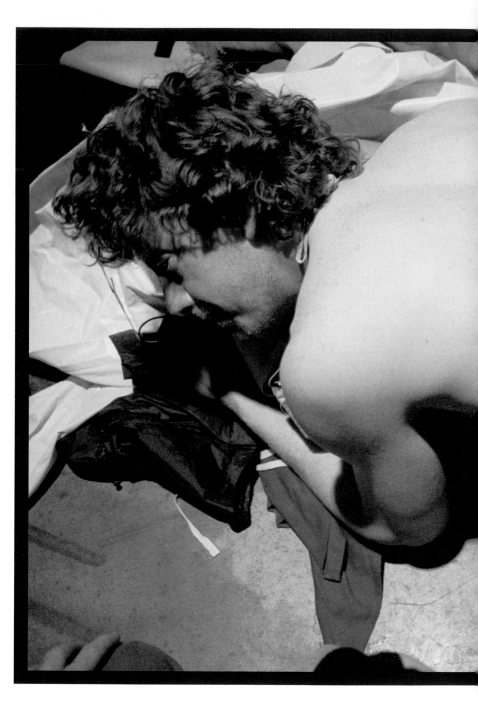

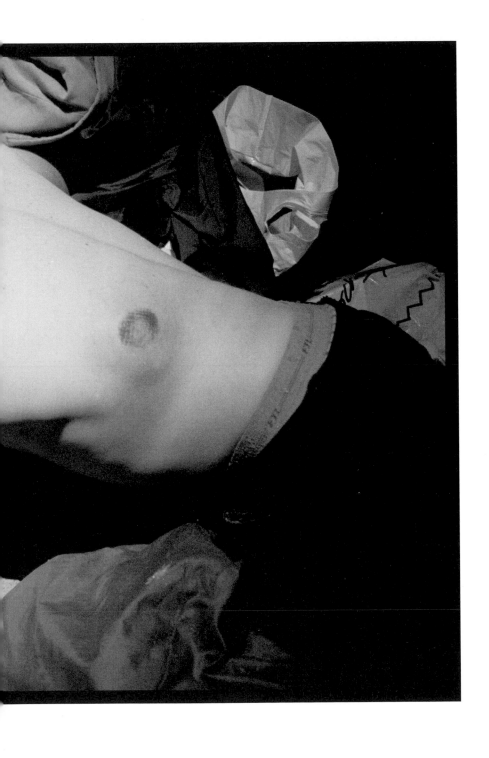

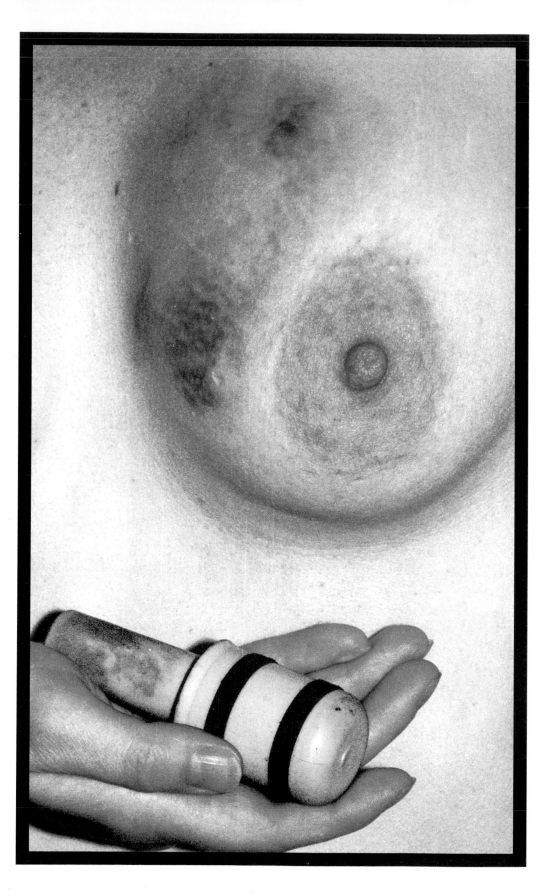

Témoignage de Caroline Hayeur

Toute l'équipe de l'Agence Stock pour laquelle je travaille comme photographe a installé ses bureaux à Québec le lundi 16 avril. Le vendredi suivant, en compagnie de mon collègue Jean-François Leblanc, nous sommes allés à l'aéroport photographier le président étatsunien George W. Bush à sa descente d'avion. Nous sommes remontés dans l'autobus qui devait nous faire un tour de ville. Le car est arrivé à l'angle des rues Dufferin et Montmorency, les manifestations ont commencé. J'entendais les manifestants crier et je me disais que ma place était dans la rue. J'en ai parlé à mon collègue et j'ai demandé au chauffeur de nous faire descendre. Tous les autres photographes nous ont suivis. Je me suis retrouvé près du Grand-Théâtre au moment de la chute du mur, j'étais du côté des manifestants. J'ai rapidement pris conscience des dangers que je courais car j'ai été incommodée par les gaz lacrymogènes. D'ailleurs, une équipe de soigneurs est venue me porter secours. Par la suite, j'ai continué à prendre des photos. J'étais accroupie en train de faire mon travail quand on m'a tiré dessus et je suis tombée par terre sous la force de l'impact. J'étais convaincue que je venais d'être atteinte par une bombe de gaz et je me suis mise à courir pour échapper aux vapeurs. Les gens s'inquiétaient pour moi. J'étais paniquée et je me demandais ce qui s'était passé. Puis, j'ai ressenti une douleur au niveau du cœur. C'est alors que j'ai compris qu'on m'avait tiré une balle de plastique à une distance d'environ dix mètres. Pourtant, ma carte de presse était très visible. Le policier a tiré entre celle-ci et mon appareil photo. Peut-être l'avait-il vue ? Je me suis mise à douter. Je me suis dit que je ne devais pas représenter un grand danger puisque plus tôt dans la journée, on m'avait permis de photographier le président des États-Unis à un mètre de distance.

Puis, une bombe de gaz a fait un ricochet avant d'échouer sur le haut de ma cuisse. Je me sentais comme une blessée de guerre. Malheureusement, je n'étais pas la seule. Bon nombre de personnes ont goûté à la médecine des policiers. Je pense notamment à mon autre collègue, Louise Bilodeau. On lui a attaché les poignets tellement fort qu'elle a subi des lacérations. Quand j'y pense : toute cette force pour une femme de quarante-sept ans qui mesure un mètre cinquante-deux !

Propos recueillis par Michel Brûlé

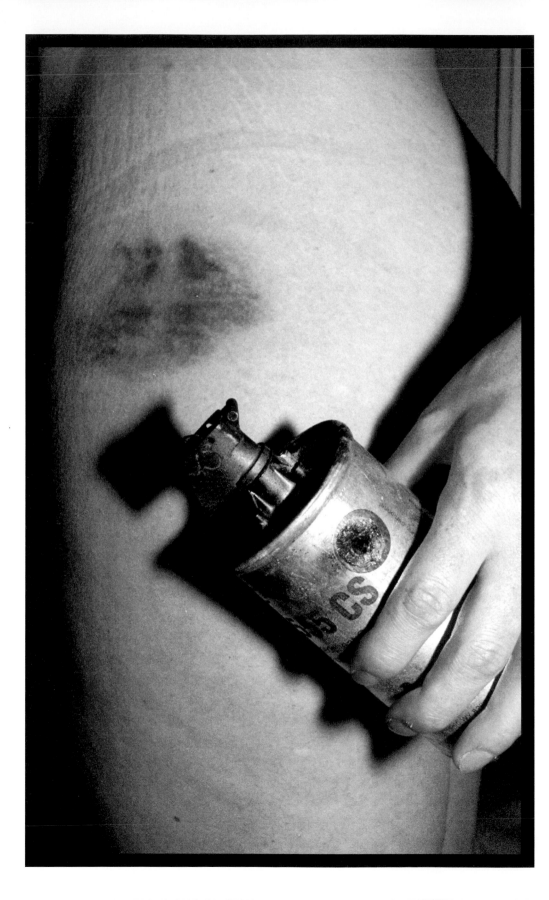

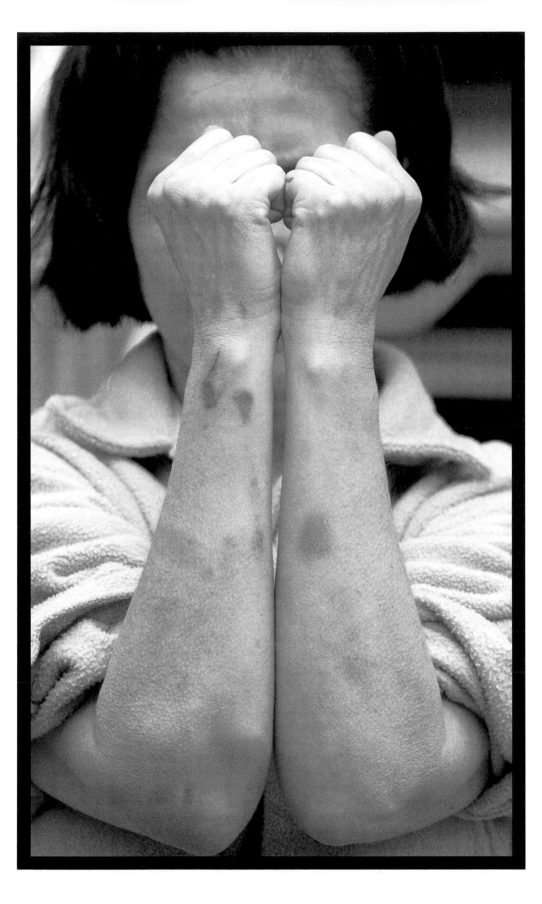

« Ces jeunes sont bien mieux informés que nous l'étions de ce contre quoi ils se battent. Ils sont beaucoup moins doctrinaires et beaucoup moins dogmatiques. »

Antoine Baby, sociologue, Lettre au *Devoir*, 12 mai 2001

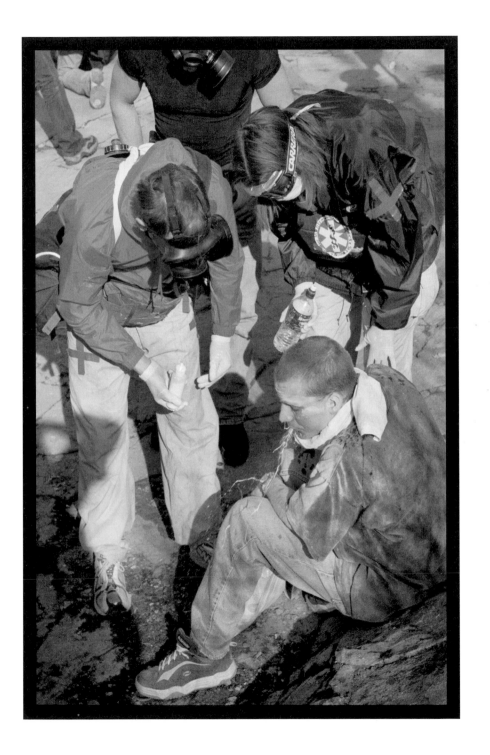

Énoncé de principe du Mouvement Germinal

Nous, Germinaliens, affirmons par nos actes et par cet énoncé de principe notre volonté de lutter contre le spectre menaçant de la mondialisation des marchés. Autrefois rêve des esprits éclairés, le songe, une fois accaparé par la haute finance, est devenu cauchemar : la globalisation ne représente plus aujourd'hui qu'un nouvel asservissement des nations, des peuples et des individus.

Les architectes et artisans anonymes de ce despotisme que l'on dit libéral ont — par l'entremise d'institutions non représentatives mais pour le moins puissantes, le FMI, la Banque mondiale — graduellement dépouillé les États-nations de leur souveraineté. Afin de s'assurer de l'application de leurs diktats, ces architectes ont toutefois jugé indispensable de conserver à l'État son monopole de la violence. En effet, les plans d'ajustements structurels et autres « thérapies de choc » s'accompagnent invariablement de répression policière et même militaire ; les cas du Pérou et de l'Indonésie, parmi d'autres, sont exemplaires.

C'est pourquoi notre lutte, à ce stade-ci, nous met aux prises avec les fiers-à-bras de l'État. Afin de résister efficacement à une force organisée, il est nécessaire d'organiser pareillement l'auto-défense civile. De là est né l'esprit du Mouvement Germinal.

Nous, Germinaliens, n'adhérons collectivement à aucune idéologie particulière si ce n'est à un idéal démocratique et progressiste. Notre mouvement ne prétend pas non plus au titre de représentant du peuple et encore moins à celui d'avant-garde révolutionnaire. Nous sommes simplement des citoyens qui, devant l'incapacité de nos soi-disant représentants à limiter l'arbitraire de ces instances supranationales vouées à la maximisation de leurs profits, sommes déterminés à mener cette lutte semblable à celle opposant David et Goliath. À l'instar des manifestants de Nice, Prague, Washington et Seattle, nous jugeons peu efficace, voire même naïf, de faire face aux policiers armés les mains vides.

En effet, nous sommes de ceux, toujours plus nombreux, qui constatent l'impuissance des formes de contestation courantes de la société civile ; pétitions, manifestations pacifiques et autres expressions de mécontentement populaire sont rendues caduques et futiles car cet État servile n'a d'autre intérêt que celui de satisfaire aux exigences des légats du marché. Nous en tenons pour preuve l'indifférence des gouvernants face aux revendications des organismes communautaires, de la Marche mondiale des femmes, des appels à l'élimination de la pauvreté. Le Mouvement Germinal est la réponse à ce constat d'échec.

Notre action lors du Sommet des Amériques de Québec 2001 se veut un coup de semonce. Nous ne tolérerons plus ces manœuvres dilatoires et ces huis clos hypocrites cherchant à dépouiller le concept de citoyenneté de toute valeur. Notre projet, expression québécoise de la lutte anti-mondialisation — sous la forme qu'elle revêt actuellement — en cours à l'échelle planétaire, constitue par conséquent un avertissement.

Aux potentats et collaborateurs de ce nouvel ordre mondial que l'on tente de nous imposer, confortablement retranchés derrière les murs de leur forteresse financée à même les fonds publics, nous aimerions rappeler ceci : aucune bastille n'est imprenable, aucun palais d'Hiver n'a su résister aux assauts motivés par une juste colère. Ces aspirations légitimes et, qui plus est, réalisables, trop longtemps refoulées, écloront à nouveau ; la germination est arrivée à terme, un second printemps des peuples peut et doit arriver.

Vendredi 4 mai 2001
SOMMET DES AMÉRIQUES
La GRC n'a pas ménagé bombes et balles de plastique
Martin Pelchat
La Presse
Québec

Le Sommet des Amériques aura coûté environ 35 millions à la GRC, ce qui porte la facture de sécurité de l'événement à 73 millions pour les quatre corps policiers impliqués.

Un total de 903 balles de plastique ont été tirées pendant les trois jours du sommet, dont 502 (55 %) par la GRC, 320 par la Sûreté du Québec et 81 par la police de Québec. La GRC détient également la palme au chapitre des bombes fumigènes et lacrymogènes lancées contre les manifestants. Ses policiers ont lancé 3 009 bombes (58 % du total de 5 148), dont 1 898 lacrymogènes et 1 111 fumigènes, comparativement à 1 700 pour la SQ et 439 par la police de Québec.

La GRC avait pourtant à Québec le tiers de l'effectif de la SQ en policiers anti-émeutes. « On faisait partie du groupe spécialisé qui était confronté aux plus violents », plaidait à *La Presse* la semaine dernière l'inspecteur Jacques Tanguay, l'officier responsable des opérations de la GRC au sommet. Un porte-parole de la GRC, Guy Amiot, reprenait le même argument hier pour justifier le nombre plus important de projectiles lancés par les policiers fédéraux.

M. Amiot a par ailleurs indiqué que la GRC prévoyait que ses coûts pour le sommet allaient totaliser environ 35 millions. « On va rester à l'intérieur de ça plus ou moins », de dire le porte-parole.

Cette somme s'ajoute aux 38 millions encourus par le Québec, dont la majorité par la SQ et les services de police de Québec et Sainte-Foy et 5 millions pour vider la prison d'Orsainville afin d'y accueillir les manifestants arrêtés. En commission parlementaire, mercredi, le ministre de la Sécurité publique, Serge Ménard, a indiqué que le chiffre de 38 millions allait probablement être dépassé, bien que non substantiellement, en raison des heures supplémentaires des policiers qui ont été plus nombreuses que prévu.

Ottawa a accepté de payer 33,3 millions à Québec pour ces frais et d'assumer 2,4 millions en services. Une clause de l'entente entre Ottawa et Québec prévoit d'autres pourparlers en cas de dépassements.

Certains groupes syndicaux et communautaires — ainsi qu'un observateur nommé par le ministre Ménard — ont réclamé en vain cette semaine une enquête indépendante sur la conduite des policiers pendant le sommet.

Crédits des photographies

Benoît Aquin
magazine *Recto Verso*
58-60-62-64-65-66-68-74

Normand Blouin
Agence Stock
82-107-108-109-110-112-115
116

Philippe Chaumette
54

Vincenzo D'Alto
couverture-49

Vincent Deschênes
30-39

David Gagnon
14-18-34-36-38-40-42

Laurent Guérin
Agence Stock
69-83-100-101-104-105-106
107-111-122

Caroline Hayeur
Agence Stock
52-59-83-84-85-86-87-88-97
102-118-120

Idra Labrie
15-32

Jean Lapierre
76-78-79

Jean-François Leblanc
Agence Stock
12-28-88-89-90-92-94-95-96-
97-98-100

J-P Leclerc
50-52-53-55

Roxane Louineau
57

Marie-Josée Marcotte
16-24-26-34-44

Yoanis Menge
56

Michaël Pineault
20

Marianne Saint-Pierre
22-32-46

Guillaume Simoneau
70-72-80

Christian Tonnard
21-33-34

Les photos de Benoît Aquin font partie d'un documentaire photographique sur le mouvement anti-mondialisation et le Sommet des Amériques produit par le magazine Recto Verso et co-réalisé par Patrick Alleyn.

1215, rue Visitation, bureau 101
Montréal (Québec) H2L 3B5
Téléphone : 514.523.5998
Télécopieur : 514.523.5812

rectoverso@videotron.ca

AGENCE

STOCK

P H O T O

vous invite
à naviguer sur son
site afin de consulter
d'autres photos sur
le Sommet des
Amériques

www.agencestockphoto.com